JN418668

오름시인선 · 21

뒷짐

오름시인선 · 21

뒷짐

펴낸날 _ 2013년 8월 8일
지은이 _ 김원배
펴낸곳 _ 기획출판 오름
등록번호 _ 동구 제 364-1999-000006호
등록일자 _ 1999년 2월 25일
주소 _ 대전광역시 동구 삼성1동 122-2
전화 _ 042.637.1486
팩스 _ 042.637.1288
E-mail _ orumplus@hanmail.net

ISBN _ 978-89-90151-99-5

값 8,000원

뒷짐

| **김원배** 시선집 |

Orum Edition

序

서방 없는 시집엘 와 상(常) 없는 흰 상다리
춤 낮은 질그릇에 곡기 없는 쥐뿔 담고
바람 찬 대접 비워 회해(詼諧) 풍자 조금 치고
양념 간, 푸념 섞어 뒤적뒤적 차린 솜씨

한 뉘 세월 다 저녁, 숭늉 대신 맹물 놓고
눈치 그냥 기웃거린 남세스런 시집상

2013년 素也

차례

제1부_산은 거기 늘 푸르고

제2부_무논에 뜸부기는 지금도 울까

제3부_내숭의 근처

■ 제1부

산은 거기 늘 푸르고

때로는 철부지 시절 들창 열고
지붕 위 환한 박꽃이며
구수한 누룽지 내
맑은 물소리 새소리 고이는 곳
따습게 떠오른다

뒷짐 · 1

저녁내 바람만 업고 다니다
지그린 썰렁 깔고
더블침대 덜렁 눕는다

천장이나
뚫은 밤하늘엔
별을 헤든 개꿈들
은하수 저편 시간
가로등 밑으로
게걸음 머물까

솔깃턴 미소
건주정 피다 저문
그 구실 주저리로
꼬집다가 꼬리 물린
순환소수
마침내 날 샌다

뒷짐 · 2

낯선 옷 갈아입고 다 두고 다 잊어
남은 살 헤집어 적시더니
고독을 길들이는 세월에는
약발도 더러 끼더이다

그러나 수시로 저 선율 깊은
찌고이네르바이젠*은
아직도 벗 이구요
더러는
몸과 마음 다 내려놓고픈
객쩍은 화두 속된 짓
허드레 웃음

그래요. 그러다
그 생에서 다시 만나면
그때는 정녕 열광의 로즈요
왈츠지요.

* Zigeunerweisen : 에스파냐의 바이올린 연주자이며 작곡가인 사라사테(1844-1908)의 작품으로서 '집시의 노래'란 뜻이다.

뒷짐 · 3

이젠 고독 씹는 취미도 솔솔
어차피 연습인 한 세월
솔로인 것을

군 나발 불고
추임새 넣고
잠방이 춤
요강 쇼 같은
자질 구질 그 행간에

그래도 보수쪽 그림자
나의 밤길에 비친다

지름 6cm의 공을 친다

웃음같이 맑은 세 냇물(三川) 흐르고
유채꽃 떠난 자리, 다시
푸르름이 정열을 노래하고
저기 가로수 그늘 내려놓은
상큼한 잔디 위에서
팍팍 친다, 지름 6cm의 공을 친다
팔십 넘어 고독을 눕히고
불신도 오만도 다 눕히고
기쁨으로 즐거움으로 파크골프를 한다
이것이 생활체육,
소원(疎遠)을 떨군 영광이리
살아있음의 간절한 보상이리
생각하며, 오늘 또 푸른 잔디를 디디고
지금 6cm의 공을 친다.

입춘

돌돌 말고 늘어지다 기미 챈
새색시 부스스
묵향 찍은 대문 열며
수줍은 미소
고개 한 번 세운다

개울가 내킨 수심 하나
톰방,
버들개지 시새운
볼부터
내밀겠지

매화

애써 다독이는 햇살에도
굼뜬 심진 철부진 걸

조숙한 매화던가
속 터지는
첫 사랑

추억

아무도 모르는 UFO처럼
성큼 나는 현실의 바깥

불현듯
등을 미는 그리움에
예 그 별빛 굴린
한갓진 곳

잔기침 귀 세워도
고인 시간 단잠이듯
기척 없는
사차원

간이공원

버짐 핀 벤치에 털썩, 짐스런
엉덩이 던져

그래 !
어쩌다 간간한 생업
뽀글거릴 계집 하나 꿰지 못한
시장끼를 뜯어 넣고
속 끓여먹는 회탁(灰卓)이 있고
공허로 엎어진 깡소주
삭혀간 빈자리와
뜬금없이 왔다가는 요분(尿糞)질이며
비우고 걷어 채인 페트병을
다독이는 그늘도 있다

바람이 챙겨주는 한낮
허전한 원도심 간이공원엔
오늘도 고개 숙인 허연
상몽 하나
뜸 들이고 있다

일방과실

어 즈
거기 눈 가린 자락 밑 바늘 가는 실눈이냐
아슬한 자랑 실성한 근시더냐
보일락 말락
수캐 눈
멀다

퀵,

하여튼 여하 얌치 비운
덕이요

남생보시(男生布施)

계절의 선율

구긴 추위 두어 잎 남은 나목은 떨어도
아파트 안은 온화한 봄이건만
가지에 온 참새 한 쌍
으스스 다가앉아
설핏,
계절의 눈치 보며
나직이 운다

그 가슴에 귀 기울이면
복사꽃 어리대다 심장 터지는 총소리도
작은 부리 부르트며 여름내 짓던 둥지도
꿈이 꿈으로 지처 온 방앗간에 소망도
이제 접은 채
시려오는 체온 서로 기대며
가는 길 써늘 커니
의연한 소리

김샌 콜라 한잔 따라들고
내실에 기울인 채널에선
바이올린 협주가 목을 멘다
유일한 차이코프스키-35 그 2장
지으며 흐느낀 비창보다
가늘고 애절한
선율이매

사조(思潮)

어디 가까운 산하인가 더러는 으슥한 심산유곡에도 파고든 행락은 뒤끝을 남깁니다 축지법을 익힌 쉬운 걸음, 그리고 향유, 무얼 그리 꺼리겠습니까 노리는 눈빛, 나무라는 사람, 자릿세도 없는 넉넉한 품, 신선한 공기 맑은 물소리 고이는 상쾌한 기분은 휴대용 볼륨부터 올려 노래방 점수와 원초적 걸레 춤 사이사이 박수가 쏟아지고 환성이 터지고 웃음도 엎어집니다.

그리 즐겁고 좋은 자연의 품, 고맙고 소중한 환경, 누리는 혜택, 그에 따른 도리나 의무 또한 모를 리 없으련만 정작 달라져야할 사조(思潮)는 내 몫이 아닌, 아무데나 벗기고 비워, 피워서 내던지고 줄줄이 풀어 즐긴 식후경은 자리만 옮긴 도심 속 주연이요 노름판으로 일관하는... 때와 장소 가리지 않는 푼돈내기, 하다 보면 애 늘 듯 천 만 억 수로 늘어나는 그 고뇌와 그 수고의 대가치곤 더런 망신살을 가리는 곤혹스러운 모습들을 비춰 주곤 합니다.

어딜 가나 인적이 이른 곳인가 싶으면 으레 일회용이나 병 아니면 쉬 그리 흙에 동화될 수 없는 것들로 티를 남기거니와 밉게는 수런수런 여인의 거웃보다 깊은 숲 구겨 간 자리 어느 얼빠진 꼴뚜기 모과랑 섞었노라 낙오된 "거들" 고자질에도 누운 바람 간 간 들썩일 뿐 산은 말없이 또 눈을 감습니다. 북새가 빠지며 조용해지고 다시 맑은 물소리 고이면 조촘조촘 조심스레 다가간 다람쥐들 별수 없는 뒤끝에 두 손들을 모읍니다. 보다 영장다운 모습, 의식을 기원하듯!!

호수점묘(湖水點描)

호수에 잠긴 하늘
파랗게
질렸거니

흰 구름 권태기 듯
바람 따라
바람나고

세월 접은 낙엽들만
맥없이
속 썩인다

뉘 슈

고향엘 찾아와도 집들은 비어있다
빈집은 빈집대로
사는 집도 웬만해선
사람을 볼 수 없다
인기척 물어뜯던 앙칼도 비워두고
외양간 워낭 소리
사위 몫 씨암탉 하나 나돌지 않는다
정든 흙내 다가서니
살아 움직이는
개미 하나
부리나케 발등에 올라
수화를 한다

거(巨) 뉘 슈 !

이정표

푹 꽂은 이름으로 서서
외로움이듯 오가는
시선이나 끈다

숨차 오른 고개
잊혀짐으로 떠나는
죽장 기대 세워
짚신 털어 한숨 쉬어간
잇수(里數) 그대로
달구지 가고
자동차 기고(匐)

풍상에 할퀸 얼굴로
말 몇 마디
유언처럼 지킨다

영 모른다

상여소리 붙던 한 뙈기 비탈 일궈
저런 삭신 울어쌓던 그 기막힌
음덕임을
모른다
미확인 비행체 소통 간 큰 치부거나
털다 보니 쏟아진 고물이건
투기장터 재미 본 전대인지
암수 굴려 채워 넣은
순대인지를
모른다
선거공약 침이 마른 황당한 고장이든
넉살좋은 도리와 신의 양심구이든
부정 탄 성역(性域)의 동티에도
좀체 그 쥐구멍을
모른다
어느 천년 선택된 VIP
넘치는 화수분
최상의 상표 기댄 가장(假裝) 큰
외제 8기통 한대 피워볼

내 금연딱지 차례는
영,
그러나 한 가지
저 영상 채널에서 슬근슬근 타는
신통한 넝쿨 박이
이 어둠에 밀려 뜸한 만남의 광장
한편에서 시방
분수와 함께 돌고 있음을
안다

거기 길 잃은 신발 속
찬바람만 고이고

낙엽

한 시절 싱그러운 그 기세도
넉넉한 그늘 느린 그 유인도
때 되면 순리대로
걷을 줄 알아

시나부로 시든 잎새
취기 없어도
나름대로 휘저으며
내릴 수 있고

남김없이 비운 신색
볼품없거니
가뿐한 심상만은
보이며 진다

산은 거기 늘 푸르고

때로는 철부지 시절 들창 열고
지붕 위 환한 박꽃이며
구수한 누룽지 내
맑은 물소리 새소리 고이는 곳
따습게 떠오른다

여린 종아리 할퀴며 휘적거린 풀섶 길
싱그럽게 씻어오든 숨결이며
돌부리에 흘린 군소리와
잔 꿈 놀던 시간까지도
거기 있을까, 다시 돌아본다

지범거린 숱한 세월 뒤척이면
웃는 잇속 같은 환한 기억들보다
잦은 걸음 드센 바람 안고 넘은 산길
많은 날의 회의와 아쉬움들
하나씩 집어서 품에 넣는다

이제 옛 시인의 죽시(竹詩)처럼
남루한 정한과 고뇌 훌훌 벗어던지고
얽힌 사유 얼레빗으며
눈멀어도 산은 거기 늘 푸르고
귀먹어도 들꿩 나는 소리, 우러러 듣는다

이제는 알 것 같네

정안수(井華水)에
조각달 담아 놓고
두 손 모으던
어머니

텃밭 매고
바느질하며 더러는
알 수 없는 구슬픈
곡조
주르르
손등 깨시던 한 세월

이제는 알 것 같네
턱 처든 철없는 물음에
너도 커 어른 되고
때 되면 알리라던
그 마음
그 뜻

여명

눈뜨고 정신 차려 비울 건 비우고
구린 것 치우고
얼굴 펴 젖은 물리되
배꼽은 가리고

큰 입은 큰 입 군 입은 군 입대로
비리면 부정 타느니
고루 익은 단맛은 보이되
괴춤 올려
음모는 가려 쓰면

긴 밤 불어 샌 휘파람새 입김일까
어둠이 밀리며 온 누리
새맑은 먼동이
트나 보다.

뉘 남긴 미련일까

발길 끊긴 외딴집 기우듬하다
비틀고 주저앉은 수북한 외양간은
소죽은 넋이 되고
차마 놓지 못해 기댄 문짝이며
숫한 세월 드나 누운
눅눅한 내
이따금 바람만 우우 재 넘어
마실 길 들려보고, 삐진
치맛자락이듯
휘-ㅇ 하니 다라난다

툭, 따다 떨어트린
행여, 할머니 같은 기다림 속
감나무 터 지키며 탐스레 휘어지고
어쩌다가 낙오된 한데 잠 인어공준
애 할멈이 되였거늘
금시라도 부르면 마루끝 내려 뛸 듯
깨금발 세치 신은
뉘 남긴 미련일까

미안 유

어쩌다 별명이 된 단골 메뉴
미안 유 -

황소 뒷거름에 쥐꼬리 밟히듯
초보 오삼(53m) 홀인원에
열 적어 빠트린
싱거운 방언

그 웃음 여운으로
더러는 삐죽한 입
속앓이에 써먹어도
꽤,
괜찮 태 유

주벽(酒癖)

아 글쎄 그게 어디 맴인들
내 맴이고 입인들
내 입이 덩 감

끅,

앙 그래도 싸게 큼 온다고
몸뗑이 어디 구겨 넣는지
영 찾다 못 찾고
신만 갱신이
한 짝 들고

끅,

일개미 해찰

– 63전망대

동전 한 닢 밀어 넣고 해찰을 허는디
흐린 탓인지
저 멀리 구멍탄 단골목인 산동네서부터
황금빛 압구정동 배꼽티 비켜
윗물과 아래,
남우세 발등 꺼지
희미 허다

눈을 비벼
얼-레, 저 청계천,
겁나든 시궁 내가 둔갑을 헝가 부고
하늘 담아 태공 부른 한강도 새롭고 야
말끔해 떳떳헌 분
자원봉사 아나바다 저리도
고마운 디

방향 틀면
순허디 순헌 순엔 붙은 진딧물성
있는대로 쩍 벌린 거시기며
무논에 수렁거튼 벽보 밑엔
둥골 빼 성님네가 헌신짝
저 꼴인 디
호강단지 개 팔자
백작(伯爵) 의상
부츠 꺼지,
-부추고 정구지고 싸게 와-

해찰은 항상 속 터진다.

하현(下弦)

고요- 하구나
그 둥글던 시선 샛눈으로
빈 가지 붙들며 가는
그믐달

해쓱한 안개꽃이
묵화처럼 바라보다 그-여
이슬 굴린
끈기

흙발이 디디고 간
허리 아픈
지혜

빨랫줄

집게에 물려 4열 횡대로 내걸린 빨래를 보면
단체 기합이나 흔히 보는
시위대 같기도 하다
벌쓰고 서있는 청소당번 애들 같기도 하고
몰래 피다 들킨 물구나무서기거나
얼음장을 깨고 물속에 꿇렸다 나온 사리마다 바람
군기 아니면
가진 게 없다는 투정이거나
줄줄이 걸린 돈세탁 같기도 하다

빨랫줄은 쉬는 날이 별로 없다
그도 한때, 다 같이 휘어지며 연일 부리고도
몰캉 맨입으로
고래 느그들만 5일젠교,

빨래를 널면 줄은 더해지는 무게만큼씩 불만의
술렁임이 중앙으로 귀 기울인다
오늘도 이걸,
해낼 낀가 말 낀가
집행부 하회 기다리듯
삐딱-하다

맑은 햇살 닁큼 다가와 따뜻한 입술
짜릿한 애무 슬금슬금 알몸 섞는
바람에 여지는 남기되 시나브로

수시로 주름진 손 다가와 촉진하며
짐을 덜어주면 줄은 온몸을 흔들며
고마붜 주겠능기라
봉이 된 볼모 민생들처럼

독배(獨杯)

굳은 밥 지고추에
소주 잔
덤이거늘

눈여긴 구구 샌가
안주이듯
저미네

대청호 점묘(大淸湖 點描)

대청호 조깅하던 아침 햇살이
물 좋고 경개 고와 때가는 줄 모르니
그만, 서러운
낮달이

덤벙,
하늘이 출렁이고 산이 흔들리고
어류며 짐승들 숨죽였지만
흰 구름 다가와 넌지시
끌어안고

한동안
뜸 들여 건져 올린 빨간 속살 나눠
화대를 챙기는 시원한
수박 세일

어느덧
속 보인 낮달 열적은 은신처가
핏발선 햇살 뒤쫓다
넘어지고

고요로
초롱초롱 별 무리 차고 와서
은하수를 이룬다.

그 분

— 性 賣買

쯔쯧, 애시 자웅일체인 것을 !!

- 덮어 쓸까요

아, 아니다

■■ 제2부

무논에 뜸부기는 지금도 울까

밤하늘 긋고 가는 유성의 꼬리
은유의 냇물로 흐를 때
소쿠리 속 은비늘 뛰던 비린 손등이
코밑 스친다

오수(午睡)

나른한 기지개
오뉴월 긴긴해 늘어지고
하품 찢은
누렁이
그늘 깔아
눈
붙인다

가을 하늘

구부정한 장대 끝에 걸린
그림 같은 하늘

매운 입술이듯
빨간 고추잠자리들
안절부절 못하네

사뿐
작은 낙엽에도
파문이 이는 잔잔한
호수 빛 하늘

홀 가분
목화 한 송이
귀성 길 해찰이듯
가는지 마는지

세월이 흘긴 자락 · 1

신도시 열풍에 생기 잃은 원도심
그리 활기차고 부럽던 이 지역이
황성옛터 가사인양
서생원도 집단 퇴거

민들레 홀씨처럼 떠나버린
꼭지뿐인 텅 빈 가슴
돌아앉아 자리 밑 꼬깃거린
지전 몇 닢 되 세며
까막까막 어두운 밤

어쩌다 골목 어귀
불빛 하나 달고나온 주눅 든 노구
들마루 한 귀 털어
소주 한잔 벗 한다

세월이 흘긴 자락 · 2

한적한 원도심엔 어둠마저 서둔다
발길은 끊기고 마실꾼도 있을 리 없지만
불 쓸 일도 없는
몇 집 건너 갈수록 휘는 허리
저린 삭신 달래가며 억지 잠을 청하는지
생기 없는 불빛 하나
사는척한다

이리 시골보다 조용한,
나풀대는 애들 구경 그렇다 치고
듬직한 아들 같은
딸 같은 웃음소리 하나 들리지 않는
글쎄, 다를 게 있다면
간혹 차도나 이용하는 쏜살같은
게트림소리거나 폭주족 요란스런
방귀냄새 맡는 거나 다를까!

덩달아 따라잡는 오디오 한번
신명난다

바위

한 세상 애끓던 부모
영혼마저 야윈 채
눈뜨고 간 뒤

비벼둔 체온 꺼내
생살로 빌붙은 들
차디 찬
바위

삐딱해 멋이군요

그래도 이승에 왔었노라 봉분은 얻고요
욕심 없이 살았노라 반 평 남짓 누웠군요
굽은 나무 있고 없고 볼품이야 어이튼
초목 얼린 뒤탈보다 마음 편해 좋겠고요
관행 이은 실의 보며 코웃음도 치겠군요
궁한 이불 해졌거니 해와 별 다독이고
바람 새 쉬어 가는 표석이 꽂혀
그 표석 삐딱해 멋이군요
베레모처럼

꽃은 또 피고

여보,
새소리 다름없이 꽃은 또 피고
바람도 인정이듯 예사로 오가거늘
호흡지간 비낀 잠 그리 잠잠 하구려

때 되걸랑 예서처럼 기다리지 않기
봄이면 무릉도원
가을소풍 나다니고
출 땐 저 낮은 자락 삭정이 좀 따고
잔솔 밑 가리 긁어 군불 지펴 따뜻이 하고
한더위 한 대야 석간수 떠다
시린 발 담그며 백우선 바람 불러
하늘을 노래하고 달과 별 사귀고
꽃이며 새 꾀어
이승의 고뇌 솎은 신선으로
구름 펴 세월 비고, 기다리구려

늦더라도 한눈은 ^^

잠결

하굣길 막차 놓친 국교 2년
담임 방
더듬거린 잠결은
포근한 어머니 가슴

덜컥, 놀란
처녀 가슴소리에
덴겁해 나뒹군 자벌레다가
고양이 앞 동당거린 쥐구멍이다가
구석에 깐 석고대죄 거수기다가
꿈인지 생시인지
팔베개 다독이는 자장가에도
잠 한숨 못 이룬
하얀 밤

잠을 싣고 달아난
막차가 있었다

첫사랑

복사꽃 갸웃거린 그때 그 노래
아 파랑새여라

못 잊어 지운 가없이 떨던 순결의
꽃 어데 쯤 일까

뒤껼 쪼그려 가슴 한귀 지근대는
사랑니 아픔

무논에 뜸부기는 지금도 울까

초저녁 하늘 할퀸 별똥 주우러 우르르,
때 잊으며 오-돌이 하늘 돌리다
엄청 물 킨 연못 지나
가위 소리 절며 가든 모롱 틀면
복사꽃 환-한
고운 새 호롱 호롱 날던
산마을

거기 물동이 인 엄니 매달리고
제 잠지 묶어 이럇 쯧쯧,
길용이 친구가
달린 가지 한 입 베기
밀 서리 굴뚝각시
쥐불놀이 고추 데고
술지게미 주정 피다 떠난 오빠 못 잊어
무논에 뜸부기는
지금도 울까?

밤하늘 긋고 가는 유성의 꼬리
은유의 냇물로 흐를 때
소쿠리 속 은비늘 뛰던 비린 손등이
코밑 스친다

춘곤

한낮 기댄 되새김질
권태
쌓이고

애 업은 암탉
자장가
졸고

언제 또

이 길 놓고 가면 언제 또
수많은 세월 문구멍 뚫던 현미경
빛바랜 서지(書誌) 손때 묻은 기기등속
이 한길 몸담아 쉼표 없는 일념 사르고
허옇게 매달린 소망의 가운
여기 걸어 놓고
나 이제 비켜서며 끌어당긴
지평 한 자락

산그늘 길게 밀며 철새 울어 타는 놀
아스스 찬바람 일어
한세월 서걱거릴 갈밭 쓸어가는
스산한 소리
외투 깃 높이 세운 굽은 등은
떨이 못한 시름 꽂고
한적한 오솔길 접어드는가
벗고 선 앙상한 나무 아래
말들을 버리고
애써 새긴 꿈 하나하나 지우며

기적소리 멀어지듯
멀어지듯
이 길 놓고 가면 언제 또
만나리

영일(寧日)

볼일 없이 바람이나 쐴 양으로
문을 나서니 역시 갈 곳이
여의찮다
오라는 곳 많아 속 태우던
일 그리도 많더니만

거닐다가 들린 시장기
중화식탁 홀로 앉아 무심코 내다본
소슬히 이는 바람이
저만치 보이는 세차장 회전 입간판을
열심히 돌린다
"구겨진 차체 일 분이면 OK"

우리 인생도 저리 된다면 !!!

졸(拙) 방정

가문 친족 그까이꺼 성씨 흩을고
다음?

a. 음마, 뭐라꼬라 그랑께 고게
　거시기가　머시기 ?
b. 잉, 그 이짠여 배 닮인가 씨 닮인가
c. 마 맛따 카믄 썽(姓) 다 치아뿌리고
　지나 게나 조카 코롬
　닌 카멜 넌 레온 (Chameleon)
　엇 떼 예 ?...
d. 하, 기리노 해 세우리노 가다 보몽
　생삐도 모라해 죠구요　네- 네,
e. 고고, 속 디딜(煎) 두동 알,

어허- 쑹언 졸장부 양

통성명(通姓名)

– 타임머신 화장실

* 똑똑, 게 뉘 계슈-

\- 왜 그러우

* 거(巨) 좀 봤는데 쓱싹이?

\- 아 그, 아니 헌데 어서 많이 듣던 목소리 거테?

* 피차일반이요 난, 26 비실인데 인사나 하고 봅시다

\- 원 성미하곤, 그래 성은 어데 잡혀 먹꾸설랑 꼬리 표우?

* 엇따 거, 인허가신청도 아닌데 까탈스럽긴,
성이 26개란 뜻이요, 그럼 정식 4-3 7로 나가우
裵梁孫文 高全洪 柳安宋黃 權徐吳 申韓林張 尹趙姜
鄭崔朴李 金飛實이요

\- 허- 나로 말할 것 같으면 40개 성인데
具車郭成 丁兪河 盧劉沈南 許曺白 이하동문
金峰達이요

* 아니 그, 그러니깐 두루 우린 일가네 그랴!

\- 일가든 놀러를 가든 지구촌 통과잖아!

* 허- 통성명이 길더라니,
까짓 세월이 좀 먹우 은하게 한 바퀴 삐-ㅇ 돕시다
혹, 아우 삼삼한 스타
여우 짓이라도,

* 〈성씨 배열 = 다성 인구 역순〉

안부

여기는 이 구석 그 집앞 나오라,
뉘쇼,
- 뭘 하는 겨
전화 받지
- 그전엔
받으려고
- 그전엔
일어서고
- 그전엔
닦았지 뭐,
- 뭘?
방부제 먹고 폐수 키고 비위 틀고 누웠다가
- 얼 쑤,
꼬롬, 오장육부 살림살이 이만-허면.
- 그, 그럼 삭신 아직 쓸 만-허구
꼬롬 꼬롬
파 -
- 끊어

한기(寒氣)

시린 발끝 디밀고
서성이는
달빛

칼바람 호호 불며
틈새마다
붐비더니

동장군 한축이듯
냉 고래
파고든다

귀성 길

비릿한 핏줄
자성(磁性)으로 끄는 향수를

길이면 길 모두
이어놓고

가슴만 앞서
파닥인다

이른 해촌(海村)

저 멀리 등댓불 지새우다
잠이든 바닷가

끼룩 끼룩,
먼저 깬 갈매기 날아올라
온 누리
씻어내고

번뜩이는 은비늘
밤새 묶인 목선 하나 끌어내
타는 물살 가르면

마음은 벌써
하-얀 욕심 건져 놓고
오늘에 족한 얘기
잔을 채운다

비켰거라

좁아터진 촌구석 흙먼지 일구며
외제차가 들어선다
칠흑 같은 큰 덩치
속이 안 보인다

안방 불끈 밤중이듯
사이비 속내듯
언짢은 오디 빛
가뭄 이은 한촌에
눈부신 광채
기름진 쇳덩이다

블랙홀이 열리며
쉬-
시커먼 앵경
꽁이거름
알아서 비켰거라

늦바람

늘 그러하듯
좀 침침해도 제 눈에 안경 같은
시는 보이지 않고
어두운 갈증
그만큼씩 비켜서는 희망사항이다
출세도 부(富)도 아닌
간절한 손길
썩인 속 골머리 몸살로
벗은 알몸 부끄럼 앞에 이는
잎새보다 열적은
늦바람

시선 없는 거울

일회용도 활용 찾든
풍요와 시류에 밀려 구석바람 물고
숨죽이던 주섬주섬
큰맘 불러 들고 나선 손
털고 돌아서다 그중 하나 챙기고
뒤쫓은 아낙에 손
죄 받는다 죄 들며 티 없이
웃는다

다가서면 언제나
허튼 꿈 신소리 없이 여미다
한 주걱 잔설로 남은
응달,
떨어진 이삭 하나라도 되돌아 주워
호강스런 보리스프
다이어트 가소롭던 시선 없는
거울 골병든
미덕

세정(世情)

지습(地濕)도 숨이 차
못 다 오른 듯

떼마저 붙지 못한
민망한 산소

그 흔한 비목 하나
얻지 못한 설운
영혼은

그렇거니 해 한번
그 길 반기려

드문드문 초롱꽃
밝혀 두시 네

응시

강(綱)은 강(江)이요 륜(倫)은 륜(輪)일래

사랑의 매 신고하고
제 아비 고발하고
스승을 폭행 터니 학부모 치고받고
그래서 성 안찬
제 어미 접근금지 100m내 까지

금지옥엽 기 살린 버릇 같더니
헌신적 지극수발 상전 같더니
예의범절 부도설 설마 이더니
안이 와 이기 향유에
폐륜이
아 두려운 영혼이여
슬픔이여!

강(綱)은 강(江)이요 륜(倫)은 륜(輪)일래

먼 하늘

바람기도 없는데 푸르던 잎
자꾸만 소리 없이
술 취한 몸짓으로 내린다.

세월은 오고
삶은 가는
기다림 없는 해거름

늘 오르내린 오솔길
스쳤느냐 휘 적이는 삘기
뽑아 물고
먼 하늘 바라본다

들꽃

메마른 언덕 가에 들꽃이 피었네
두 송이 가녀리게
수줍은 듯

그 많은 곳,
무슨 사연이기에
게 와서 목마르고 허기진
입술로

산들바람 치근대 안아 비비고
모진 바람 지날 제
큰 절로 애원이듯
의미 모를 한 세상
그런대로
다소곳

물새

강가에 환한 배꽃
올해도
피건만은

홀로 우는 저 물새는
오늘도
서럽구려

진수건

– 1週忌

미운 잔 가득
목이 멘 하늘 따라
흰 구름 젖고
은은해 더 서러운
소쩍새 우는
곡은

어두운 바늘귀 엉킨 실 몰리
낡은 자락 진수건
밀치고 가면

잔디 한줌 쥐어 뜬
버거운 손

■■■ 제3부

내숭의 근처

포륵포륵 깃털을 다듬는 파랑새들과
긴 잠 개(摺)고 나온 발 저린 짐승,
목까지 촉촉이 차오른 물관부
서성이다 뛰어든
내숭의 근처

폭소

눈 감으면
한참 뒷걸음질 쳐 검은 고무신짝에
송사리 몇 잡아 놓고
컹컹 가(橫)로 뛰던 물가에 선다
멱 감고 풀꽃 따고 산모롱 돌아오는
기적소리 앞질러 징검돌 건너뛰다 헛디딘
그런 시원한 영상인데

눈 뜨면
넘어질 듯 아찔한 빌딩
달라붙어 아우성이듯 읽어대는
네온사인 아래 끝없이 이어 기는
불개미 떼 행렬은
역한 냄새 지절대 흐르는 강물이다

지하도 내려서면
덤벙, 강물에 던져진 돌멩이 듯
걸으면 측면 돌파 이마받이 듯
올라선 경로석 사정하곤
위아래 볼 것 없이
성차별 없이
시침 뜬 밀랍
딴전 피는 인성으로
혼잡과 분망 튼 여유래야 기껏
발 디딜 틈 없이 밀리고 찡겨
두둥실
"아 좋네 무중력"

까르르 지하철 배꼽이다

주제의 변

창문마다 방충망에 출입도 조심인데
어디로 들었는지 곤두서는
그 소리

언제나 그 능술에 진상인즉
어둠이 차츰 가려줄 즈음이면
어김없는 흡욕 제 일침과
예비 된 신경질 제 일장이
철썩,

얼얼한 볼 어루만지며 불을 켜본다
주제 위에 나는
문비(蚊妃)

그래! 내 죄는 네가 아느니
뜯우 뜯어 까짓 따귀 한 대쯤
고맙잖은가!

내숭의 근처

바람이 분다
이른 봄 맨발로 나부대는 심술궂은 바람
쪼그린 양지 흔들어 순하디 순한
영춘화 파르르 떨고
사방을 둘러 죽었나 싶은 가지
간질여 굼뜬 겨드랑 킬킬 웃긴다.
포륵포륵 깃털을 다듬는 파랑새들과
긴 잠 개(摺)고 나온 발 저린 짐승,
목까지 촉촉이 차오른 물관부
서성이다 뛰어든
내숭의 근처

천년을 가려온 베일 속 흰 살
설깬 청소년 온몸에 눈을 번쩍 뜨게 하고
희미한 경로석까지 일으켜 세울 듯
확실히 건드리는 심술에 눈길은
자칫, 애꿎은 성희롱
눈요기 죄 되고
들어낸 속내 속곳 바람이듯 여긴 죄

봉이 되어도
청맹과니여서 속편할 고뇌
눈 삔 상사점에
불티 날리는
바람

외등

예전에 섰던 그 골목 그 외등
해가 지면 어김없이
감았던 눈을 뜨고
밤새 환한 얼굴로 어귀 밝힌다

늘 그랬듯이
오가는 그리매 자재질하며
질금대는 풋고추 뒷발 든 포물선이
발등을 적시거나
끅,
기고만장 낯익은 삿대질쯤
느긋하다가도
낯선 얼굴 들어서면 매섭게
노려보고
어쩌다 길 잃은 거나한 객기
괜한 아랫도리라도
직신거리면
예끼 고이- 현
모과골 영감처럼
부라린다

개운코나

언젠가 때가 되면
소리 없이 내리는 솔가리처럼
풀잎에 미련 없는 이슬이듯
아린 사유 손전화양
챙길 일 없이
남은 정 삿갓처럼
연연찮이
가을 하늘 한 송이
목화던가
비운 마음 가벼워
개운코나

청양 고추

텃밭에 청양고추 몇 묘 꽂아놓고
병도 많고 탈도 많아 호호거려 키운다

가녀린 꽃, 수시 문안 지극 수발에
꼭지 몇 달더니만 제법
성난 짓을!

삼삼한 고것 하나 낮거리로
억, 이거 웬 집 속탄 화염 !!
예상찮은 대원군 합하솔하 궁란인가
심기 사난 군주 앞 주눅인 구눌인가
오, 후, 되게 당한 혼불부체
급기야 채신머리 주르르
낙루

과시!
문중 허우대 좋은 대군들보다
작고도 당찬 청양군이
보위로고

쉼터 · 1

이승에 쉼터 하나 마련했지요
기나긴 날 염원이던
혈연의 음택.

산새들 다가와 부추기대요
침침한 눈 귀 멀고
쇤만큼 정신도 이울 때면
속내는 그냥이고
수족인들 떼쓸 줄
모르겠느냐 !!!

성해선 자주 와 보살피지요
세월이 무심하든
세정이 어이 튼
바람이야 찾아 줄
뒷모습이
게

부디 좋은 곳에

여보-
차창을 닫아 놓고 목청껏 불러 봅니다
행여 금세라도 옆에 맑고 고운
그 음성이

이제는 어느 하늘아래 그 환한 얼굴
미운 입술을

'나 없으면 불쌍해 어이하느냐'
시한부 그 몸으로 산 사람 걱정이
차마 여서 잠시 틈낸 사이 살며시

세상 끝 가슴에 묻어 갈 회억들
내가 죽으면 어디로 ?

홀로 남아 죄가 되고
손때 만져가며 산다는 게
너무 힘들고 서글퍼서

여기 필연에 우선한
비문 하나 새겨 놓고
의질 없는 마음도 포갭니다

부디 좋은 곳 좋은 곳에

잔설(殘雪)

시린 달빛 누운
얼룩

뉘일까
밟고 지나는
하- 얀
소리

4월이 오면

그저 나무들 보송한 새순이
첫사랑 수줍은 그님처럼
연두색 고운 미소입니다

저 밋밋한 산마루
진달래 환한 오솔길에서
기약 없이 떠나간
내 사랑 그리는
바람입니다

오오 가장 연한 내음
저 화사한 산천
그리움 짙은
그 사람

아 봄은 다시 오련만
또, 오련만

견인(牽引)

아무 데나
군자로 서 있다가
코 꿴 황소 눈
끄먹거리며
앞발 덜렁 들려
맥없이 끌리어간다

배부른 딱지 먹고
힘줄 불끈 선
뒤 뿔이
불룩 거린다

그 한 송이

나이만큼 허름한 서실을
늘 자상한 솜씨가
밝혀준다

고운 꽃잎 담은 아담한
수반에 하얀 마음
환하게

따사로운 정성 청아한
샘물처럼 믿음과
기쁨 소박한
꿈

그대의 정성에 무한한
사랑 일듯 방긋한
그 모습
아름다워라

겨울 단상

그저, 멋모른 채
와서
죽순 하나 빚으며 땀 흘려 벗은 추위
윙 윙
겨울 서성인다

개똥밭인들 눈은 쌓이고
보이지 않는 한 치 앞
더 큰
죄를 캐며
누가 울고 있는가

대합실 반응

– 지방유세

도토리 키 재기여, 잿밥에 염불인 겨
어 여, (소녀를 밀치며)
난 것보단 된 것인 디
만날 봐야 그 턱이고 들어 봐야
신물이여

허허- 수다도 입덧인가 !
식상은 모로 와
심통 괴고 눕는다

개갈 안나 쥬-
까르르 대합실이 웃는다.

세월

그저, 아까운 소비용품
아쉬움 보태
버리고 돌아서면
콩
콩
콩
사랑채
재떨이 치는
소리

그때는 당신 곁에

그제는
울며불며 찾아왔고요

어제는
가슴 아파 찾아왔지만

오늘은
안쓰러워 찾아왔지요

내일은
서글퍼서 찾아올게고

다음은
못 잊어서 찾아오다가

그러다
그러다가 잠잠하면요

그때는
당신 곁에 잊어 오지요

심상(心象)

안면도 앞바다
거기 고집 센 할미와 할비 바위 서있다
장구한 인연으로 마주 하고 섰지만
마냥 그리

욕물(慾物) 같아선 스스럼없이 일 치러
뭍 사리 영장들처럼
쉬 벌어 누릴 수 있는
새끼 섬 몇 개쯤

허나 명색이 부부인
이성과 산술 향유를 모른 채
동심으로 서서 순결로
늙는다 아름다운
심상으로

내운 한

날아올라 백년인가 천년을 따라 길까

새벽 별 바라보며 바위 긁어 여민 손

허기진 타래 켜며 기운 세월 걸쳤거늘

석양빛 지칠 녘에 무너지는 소리는

그 하나 의미 없는 내운 한을 부리네

흑백사진

보면 볼수록 뒷간 근처 수줍음에
방귀만 뀌어도 행복했던
그 시절에

치마폭 콧수건에
부드득, 볼 닦아 깨진 눈물
뚝 끝이던
할머니 약손이며

칙칙 폭폭 이백 여리
고추 하나 달랑 건
예 닐곱 살 적 가출소동

어 시원타
시린 샘물 한 두레박
삼배 적삼 등목을

두 손으로 성냥불 감싸
석유등을 켜본다

부모의 마음

아무리 미운 짓 성가시려도
그 마음은 잠깐
고슴도치

따가운 회초리 불호령도
가슴 밑 아리운
이슬 맺어
뒹굴고

밤낮으로 부딪쳐 가없이
부서져도 뭍으로 뭍,
흠 지워 다독이는
하얀 파도

한밭 벌

천성을 이은 느긋한 빛
자존의 고장

충절과 예학으로
죽(竹)을 길은 푸른 벌

문명의 중핵 이룬
만국기 휘날리니

주소든 조상님 네
눈 서러 어이시리

쯧 쯧 쯧

식상이듯 굽어보던 가로등이
눈을 감는다

유행과 멋, 브랜드가 아니라서
길가에 멀쩡한 가구 내다
이불 깔고
세탁기 돌아
TV 웃고
냉장고 얼어도
발 벗고
위아래 벗어 내다
소갈머리 허튼 짓까지
어- 시원해
나,
어때 !!!

쯧 쯧 쯧

강변

저 강물은 오늘도 예 같거늘
그 넓은 백사장은 간데없고
바람만 들어서는 얼굴을
자꾸 밀어댄다

하늘이 멱 감고 산수화 물장구에
종달새 높이 떠서 킬킬대다
빠트린 그 물 키며 뒹굴던
은모래 밭

그 시절
놀이터 향수인데
억겁의 소산 아까운데
그리운데

간혹, 들어서는 발길에
지레 놀란 조약돌들
아득 아드득 이를 간다

민들레 꽃

석축 틈새 자리 잡은
민들레 꽃 한 송이

별 구경 길게 내민
휘 굽어 수줍더니

새끼 위한 염원은
뜯어 보낸 머리구나

질긴 꼭지 그
허기로

희롱(戱弄)

– 性 hormone

그냥, 능(能)수(受)기능 맞바꿔 봐!!!

- 한술 더 뜨면

잉- 설마

詼諧文字 · 1

– 以實告之

우째 오늘은 시릉방구가 읎디여
구름 위서 쉬~허고
하늘에 울라 빠트림서
오밤중도 아닌디
혹, 측간에
퐁당 ?

- 어매, 우쩐디여
  잉 그냥 폭싹 불어 뿐디
  새참에 정신이 항 개도 읎어씨 유
  엇쪄 방구 시원 혀유?

詼諧文字 · 2
– 궂은 날

연일 날씨는 질질 짜고
마음은 질척이고
끽,

- 죽치는 두문에
불출도 뭉니더군
끅,

詼諧文字 · 3

– 明月館

어젯밤 달 산책엔 이태백 놀던 터
어느 세월 분양이고
계수나무 초가삼간
내 영순위 유효턴 감 ?

- 함 맹엘간 고염 두갠 ET가 채가뿌고

『뒷짐』의 숲을 뒤척이다

– 김원배 시선집, 갈채의 시편들

김용재

시인. UPLI한국회장. 대전문인총연합회장

I

2012년 어느 봄날이었다. 아내와 함께 대전의 한 파크골프장에서 운동을 하고 있었다. 갑자기 어느 한 분이 다가서며 "김교수님 아니십니까."하고 정답게 인사를 했다. 김원배 시인이었다. 고향 선배로서 나보다 한참 나이가 많은 분이었다. 거의 동시라고 생각을 했지만 그래도 먼저 알아보지 못한 죄송한 마음이 봄풀처럼 솟아나는 듯 했다.

적당히 운동을 끝내고 소주를 한잔 같이 했다. 10여년만의 일이다. 몇 해 전 사모님을 여의고 자신도 모르게 찾아온 소외(疎外)의 감정을 달래며 최근 파크골프장으로 여가의 시간을 옮겼다고 하며, 반려자를 만나 정말 반갑고 기쁘다고 몇 번을 거듭했다. 나도 마찬가지였다. 허물없이 대화하며 정을 나눌 수 있는 선배 - 그뿐이던가, 신사도를 익힌 늘 푸르른 마음의 시인과 동도의 문학을 이야기하며 팀을 이루어 운동을 할 수 있다는 것이 은은한 기쁨으로 확대된 것이다.

그 무렵 김원배 시인과 어울려 운동을 하며, 운동 후에는 소주도 함께 나누고 식사도 함께 하며 살아가는 기쁨을 열심히 찾았고 파크골프를 주제로 한 시도 한편 얻어냈다.

웃음같이 맑은 세 냇물(三川) 흐르고
유채꽃 떠난 자리, 다시
푸르름이 정열을 노래하고
저기 가로수 그늘 내려놓은
상큼한 잔디 위에서
팍팍 친다, 지름 6cm의 공을 친다
팔십 넘어 고독을 눕히고
불신도 오만도 다 눕히고
기쁨으로 즐거움으로 파크골프를 한다
이것이 생활체육,
소원(疎遠)을 떨군 영광이리

살아있음의 간절한 보상이리
생각하며, 오늘 또 푸른 잔디를 디디고
지름 6cm의 공을 친다.

-「지름 6cm의 공을 친다」 전문

마침 5월이었는데 대전에서는 「2012대전세계조리사대회」, 「2012대한민국온천대축제」, 「전국생활체육대축전」, 「대전뿌리문화축제」를 성황리에 개최했다.

내가 발행인으로 되어있는 『대전문학시대』(2012. 6월-여름호)에 이 4개 대회를 화보로 조명하고 「詩로 쓰는 2012년 5월의 대전」이라 하여 각각의 축시를 넣어 특별화면을 구성했다.

「전국생활체육대축전」의 축시로 김원배 시인의 「지름 6cm의 공을 친다」를 실어 갈채를 받은 것이다.

대전의 세 냇물 합치는 곳, 상큼한 잔디 위에서 고독도 불신도 오만도 다 눕히고 기쁨으로 즐거움으로 파크골프를 하며 소외감을 떨군 영광을 차지하고 살아있음의 간절한 보상을 받는 그 시심은 생활체육을 빛낸 파격적 힘으로 새겨질 수 있었던 것이다. 「미안 유」에서도 파크골프 이야기가 묻어나는데 초보 53m 홀인원의 업적은 충분히 시심을 자극했을 것이다.

II

만남은 계속되었고 정분도 더 깊어갔다. 대전문학시대에 남다른 협찬도 해주었다. 그러나 겨울이 되면서 만남의 간격은 멀어졌다. 그 사이던가 시인은 서울행 열차를 자주 탄다고 했다. 아니 서울 생활로 접어들었다고도 했다.

해가 바뀌고 2013년 봄맞이 후에도 여전히 그랬다. 새 삶이 싹트는가, 무슨 좋은 소식이 올 것만도 같았다.

그랬는데, 벌써 무더워진 6월 어느날 나한테로 시선집 원고가 왔다.

첫 시집 『늦바람』(2000년 1월) 발행 때 편집을 맡았던 인연 때문일까, 옛날보다 더 가까워진 정분 때문일까, 생각하다가 그냥 펜을 잡았다.

무슨 해설이다, 평설이다, 시세계다, 등등의 부탁은 없었지만 시와 시인을 이해하는 스스로의 희망 에세이로 독자들께 도움을 주었으면 하는 의도일 따름이다.

평설이나 시론 등의 무거운 의미를 벗겨내고 조금 더 어렵지 않게 접근해 보자는 생각에서 「시와 시인 - 드림에세이」란 말을 스스로 만들어 본 것이다.

III

김원배(金元培) 시인은 1931년 대전에서 출생하였다. 우석대 의대를 수료하고 병리실험실을 운영하면서 대전대 사회교육원 문예창작반을 수료했다. 1992년 월간 ≪농민문학≫을 통해 문단에 데뷔하였으며 공동시집 『어우렁더우렁』(1993)과 『우리들의 나이테』(1993) 등을 발간했다. 개인시집으로는 『늦바람』(2000년 1월. 호서문화사), 『간이공원』(2011년 1월. 좋은땅), 『계절의 선율』(2011년 2월. 에세이 퍼블리싱) 등을 펴냈다.

인생의 황혼기에 있으면서 「외등」이나 「이정표」에서처럼 현실에 의식의 뿌리를 내리고 자신의 내면과 세상 안팎을 두루 응시하는 관조자로서의 자화상 확립에 시심을 투사하고 있다. 그런데 『간이공원』이나 『계절의 선율』은 따님이 주선해서 같은 해 한 달 사이로 펴냈다고 하는데 극히 한정판으로 제작해서 가족 친지들끼리 나누어보고 그 여분도 없다고 했다. 아마도 산수(傘壽) 기념으로 펴낸 시집들이 아닌가 생각해 보았다.

그래서 첫 시집 『늦바람』만을 다시 읽어 보았는데 경우에 따라서는 일부 시어나 종결어미 처리 등 수정을 한 작품도 더러 있었다. 치열한 작가정신이 아닐까 생각하며 찬성의 박수를 보내드린다.

이제 작품을 살펴볼까 하는데 앞에서 말한대로, 비평의 짐 같은 것을 내려놓고 부담없이 접근해보려 한다.

때로는 철부지 시절 들창 열고
지붕 위 환한 박꽃이며
구수한 누룽지 내
맑은 물소리 새소리 고이는 곳
따습게 떠오른다

여린 종아리 할퀴며 휘적거린 풀섶 길
싱그럽게 씻어오른 숨결이며
돌부리에 흘린 군소리와
잔 꿈 놀던 시간까지도
거기 있을까, 다시 돌아본다

지범거린 숱한 세월 뒤척이면
웃는 잇속 같은 환한 기억들보다
잦은 걸음 드센 바람 안고 넘은 산길
많은 날의 회의나 아쉬움들
하나씩 집어서 품에 넣는다

옛 시인의 죽시(竹詩)처럼
남루한 정한과 고뇌 훌훌 벗어던지고
얽힌 사유 얼레빗으며
눈멀어도, 산은 거기 늘 푸르고
귀먹어도, 들꿩 나는 소리 우럴어 듣는다

-「산은 거기 늘 푸르고」 전문

이 시는 본래 시인의 첫 시집 『늦바람』에 「때로는」(pp.48-49)이라는 제목으로 실려있었다. 작품에 대한 애모의 집념을 불태워 시인은 이 시의 제목을 「산은 거기 늘 푸르고」로 바꾸었고 4연으로 된 연마다의 시행을 4-5-5-6에서 5-5-5-5행으로 하였으며 종결어구 또한 일관성 있게 바꾸었다.

시어도 일부 교환을 하였지만 전체적인 내용이나 이미지는 크게 변한 것이 없다. 결국 이 시는 고향의식을 주제로 한 변함없는 시심을 바탕으로 시의 기법이나 표현력을 강화하여 명시 반열에 진입시킨 대표작이라 할 수 있다.

제1연에서는 환한 박꽃과 구수한 누룽지 내, 맑은 물소리와 새소리가 고이는 고향의 철부지시절을 떠올린다.

제2연에서는 '여린 종아리 할퀴며 휘적거린 풀섶 길'이 클로즈업되어 번쩍거리며 그 길에서 추억한 싱그런 숨결이며 마음껏 내뱉던 군소리며, 꿈 키우던 시간들을 되돌아본다.

제3연에서는 지범거린 세월속에 남아있는 산길과 수많은 회의와 아쉬움들을 떠올린다. 이것저것 집어 거둔다는 의미로 '지범거리다'가 차지하는 조화의 영역은 아마도 시를 감상하는 별미의 영향력으로 확대될 수 있을 것이다. 이 별미의 추상들을 하나씩 집어서 품에 넣는 시인의 낭만을 우리는 언제나 같이 해도 맛있을 것이다.

제4연에서는 옛 시인의 죽시(竹詩)를 앞세운다. 설중고죽(雪中孤竹) 세한고절(歲寒孤節)의 외로운 절개를 생각했을까, 윤선도의 오우가, 그 대나무를 생각했을까. 아니면 상촌·신흠의 시조에 나타나는 소상반죽(瀟湘斑竹) 그 대나무숲의 고사를 떠올렸을까.

어느 것이어도 괜찮다. 대나무는 절개 또는 절조의 상징이며 아픔과 빛나는 의지를 상기토록 한다. 시인은 천고에 변함없는 고향의식과 그 정한을 새기며 옛 시인의 죽시를 불러온 것이다. 그러나 남루한 정한과 고뇌는 훌훌 벗어던진다고 했다. 빗살이 굵고 성긴 큰 빗으로 얽힌 사유를 빗어낸다고 했다. 그래서 눈멀어도 고향의 늘 푸른 산을 보고 귀먹어도 고향의 들꿩 나는 소리 우러러 듣는다고 했다. 아름답게 각인된 정신의 촉수는 눈멀고 귀먹어도 아름다움 그 자체로 생기를 잃지 않는다는 마음일 것이다. 정지용의 「향수」가 부럽지 않을 만큼 다양한 시어들, 지금 더 반짝거리는 옛 낱말들, 고향과 더불어 시들지 않는 절조의 시심 아니 그 영혼, 관조의 눈으로 삶의 지혜를 찾는 낙관적 인생관 또는 자아성찰의 낭만주의, 이러한 요소들이 이 시에 관류하는 정신의 맥박이라 생각하며 갈채를 보낸다. 다음 시 「내숭의 근처」를 보자.

바람이 분다
이른 봄 맨발로 나부대는 심술궂은 바람
쪼그린 양지 흔들어 순하디 순한
영춘화 파르르 떨고
사방을 둘러 죽었나 싶은 가지
간질여 굼뜬 겨드랑 킬킬 웃긴다.

포륵포륵 깃털을 다듬는 파랑새들과
긴 잠 개(揩)고 나온 발 저린 짐승,
목까지 촉촉이 차오른 물관부
서성이다 뛰어든
내숭의 근처

천년을 가려온 베일 속 흰 살
설깬 청소년 온몸에 눈을 번쩍 뜨게 하고
희미한 경로석까지 일으켜 세울 듯
확실히 건드리는 심술에 눈길은
자칫, 애꿎은 성희롱
눈요기 죄 되고
들어낸 속내 속곳 바람이듯 여긴 죄
봉이 되어도
청맹과니여서 속편할 고뇌
눈 삔 상사점에
불티 날리는 바람

-「내숭의 근처」 전문

여기 「내숭의 근처」도 『늦바람』에 수록한 「洋風」(pp.58-59)을 수정한 것이다. 시의 제목 「내숭의 근처」는 시구에서 건져 올린 것이고, 바람이 분다(양풍이 분다), 긴 잠 개(揩)고 (긴 잠

깨고), 촉촉이(탱탱이), 경로석까지(노인석까지), 들어낸 속내(생숭한 낌새), 봉이 되어도(형刑이 되어도) 등의 시어를 수정한 것이다(괄호 안이 과거 시어). 특히 잠을 갠다는 말의 한자는 접을 접(摺)자이다. 우리말 개킨다는 말은 이부자리나 옷 같은 것을 잘 포개어 접는다는 의미인데 잠을 깬다는 표현과 잠을 갠다는 표현은 차원이 다른 것이다. 봉(鳳)이라는 말은 사전적 의미로 '빼어 먹기 만만한 사람' '빨아먹기 좋은 사람'인데 여기서 빨아먹는다는 것은 남의 것을 우려내어 제 것으로 만든다는 뜻이다. '봉'과 형벌의 형(刑)과는 큰 간격이 있는 것이다. 그리고 '눈 삔 상사점'에서 눈을 삔다는 말은 표준어가 아니지만 잘 못 본다거나 착각한다는 의미로 많이 쓰이고 있다. 욕심이 눈에 가리어 사물을 제대로 보지 못함을 비유하는 속담, '눈에 콩꺼풀이 씌었다' '눈에 헛거미가 잡힌다' 등의 내면을 상기해도 좋을 것이다. 상사점은 그 의미영역이 모호하고 난해하다. 그런데 과거의 시에는 상사점(上死點)이라고 한자를 병행했다.

상사점(Top dead point)은 자동차 전문 용어로서 '엔진은 피스톤이 위아래로 운동하는 것으로 회전'하는데 '이 때의 상한(上限)이 상사점, 하한이 하사점'이다. 즉 '상사점은 압축과 배기 행정行程의 마지막이고 하사점은 흡입행정의 마지막을 뜻한다' (NAVER 지식백과).

시에서는 그저 한계점 또는 상승한계점 정도로 이해하면 될 듯 하다. 그 외에 나부대는 - 파르르 - 킬킬 - 포륵포륵 - 서성이다 - 설 깬 - 애꿎은 등 부사, 형용사의 배치도 광채를 더한다.

한 편의 좋은 시를 빚어내기 위한 끊임없는 노력과 탐구의 시정신을 감지할 수 있다는 것이 시를 읽는 기쁨이었으며, 결실의 결과에는 당연히 찬사를 보낸다.

이 시의 시심의 구조를 파악하기 위해선 먼저 내숭의 의미부터 확실히 파악해야 한다. 내숭은 일단 겉과 속이 다르다. 겉은 유하나(부드러우나) 속은 비꼬여 있다. 흉한 곳이 있어 내흉(內凶)과 같이 쓰인다. 비꼬임 속에서는 또 위선, 허위, 가면, 가식 같은 것이 있고 말이나 행동으로 옮겨질 때는 곧잘 겉으로 드러나기도 한다.

이 시에서는 내숭의 주인공이 곧 바람이다. 심술, 흔들기. 남의 살 만지기(간질밥먹이기), 마침내 성희롱까지 가는데 바람이 곧 의인화인 것을 알면 오늘의 사회문제를 짚은 의미있는 터치라고 여겨질 것이다. 그러면 그 내숭의 근처에는 누가 있는가. 역시 바람이 있는데 의인화된 그 바람은 시인, 나, 너, 그대, 독자… 누구나 될 수 있는 것이다.

언어의 지배자처럼, 언어를 찾는 연인처럼, 언어의 달인처럼 시를 조형하는 시인의 역량과 더불어 이 시 또한 명시의 반열에서 밀려나지 않을 것이다.

IV

김원배 시인의 시선집 『뒷짐』에는 자신이 가려뽑은 시 80여편이 수록된다. 그 중에는 신작도 들어있다. 대표적인 것이 시집 표제로 나온 「뒷짐」 1, 2, 3이다. 뒷짐은 두손을 뒤로 잦히어 마주잡는 행위이다. 나이 든 할아버지가 뒷짐 지고 서서 세상을 바라보는 인상은 선비, 샌님, 관찰자, 보수주의자, 철학자, 딸깍발이 등 여러 유형의 사람들을 연상해 볼 수 있도록 한다. 또한 한가한 모습, 걱정이 없는 모습, 태연한 모습, 속으로 깊은 뜻을 새긴 모습, 심각한 모습, 외로운 모습 등 다양한 내면을 추상해 볼 수 있도록 한다. 어떤 것이든 시인의 뒷짐은 그 시인의 자화상으로 드러날 것이다.

저녁내 바람만 업고 다니다
지그린 썰렁 깔고
더블침대 덜렁 눕는다

천장이나
뚫은 밤하늘엔
별을 헤든 개꿈들
은하수 저편 시간
가로등 밑으로
게걸음 머물까

솔깃턴 미소
건주정 피다 저문

그 구실 주저리로

꼬집다가 꼬리 물린

순환소수

마침내 날 샌다

-「뒷짐 · 1」 전문

「뒷짐 · 1」은 인생살이의 썰렁함과 외로움이 바탕이 되고 그 시심의 심층에는 순환소수가 내재하고 있다.

가슴 속에 찬바람이 도는 느낌의 썰렁함 그것을 지그려 깔고 더블침대에 덜렁 혼자 누운 뒷짐 인물의 감정을 따라가보면 그 감정은 결국 순환소수로 날이 샌다. 순환소수는 소수점 이하의 어떤 자리 다음부터 약간의 같은 수가 같은 순서로 무한히 반복되는 소수(素數)이며 예를 들면 3.1414, 0.123123 같은 것이 똑 떨어지게 나누어지지 않는 것이다(사전적 의미). 돌고돌아도 솔깃한 미소의 세상이 오기는커녕 썰렁하고 외로운 감정으로 되돌아오는 것과 같은 순환의 썰렁을 깔고 사는 시인의 내심을 읽을 수 있을 것이다. 배우자 없는 세상이 그럴까, 생각을 키운다.

낯선 옷 갈아입고 다 두고 다 잊어

남(殘)은 살 헤집어 적시더니

고독을 길들이는 세월에는

약발도 더러 끼더이다

그러나 수시로 저 선율 깊은
찌고이네르바이젠*은
아직도 벗 이구요
더러는
몸과 마음 다 내려놓고픈
객쩍은 화두 속된 짓
허드레 웃음

그래요, 그러다
그 생에서 다시 만나면
그때는 정녕 열광의 로즈요
왈츠지요

-「뒷짐 · 2 전문」

* Zigeunerweisen : 에스파냐의 바이올린 연주자이며 작곡가인 사라사테의 작품으로서 '집시의 노래'란 뜻이다.

「뒷짐 · 2」는 고독을 길들이는 세월에 더러 약발로 끼어드는 벗을 생각하는데 그 벗이 곧 찌고이네르바이젠이다. 찌고이네르바이젠은 근세 바이올린의 귀재로 알려진 사라사테(Pablo

Sarasate : 1844-1908)의 작품으로 '집시의 노래'란 뜻이다. 집시적인 애조와 목메어 우는 애수가 광적인 환희로 돌변, 잠재의 정열이 폭발하고 만다는 자료의 근거를 대입해보면 이 시의 마지막에서 연인을 그리며 그 연인과의 열광의 로즈와 왈츠를 떠올리게 된다. 빠르고 경쾌한 무곡과 남녀 한쌍으로의 댄스를 연상해보는 시심은 고독에서 피어난 낭만의 꽃이며 로맨스그레이의 정열인 것이다. 그러나 그 정열은 '그 생에서 다시 만나면' 그때의 것이어서 더욱 안타깝다.

이젠 고독 씹는 취미도 솔솔
어차피 연습인 한 세월
솔로인 것을

군 나발 불고
추임새 넣고
잠방이 춤
요강 쇼 같은
자질 구질 그 행간에
그래도 보수쪽 그림자
나의 밤길에 비친다

-「뒷짐 · 3」 전문

「뒷짐 · 3」에서는 고독을 씹는 취미도 이젠 솔솔 삶의 연습인양 다가오고, 어차피 자신은 혼자임을 토로한다. 살면서, 쓸데없는 수다를 떨고, 판소리 추임새 같은 흥을 돋구어 보기도 하고, 가랑이 짧은 잠방이 춤, 온갖 애환의 이성감정을 수용하는 요강쇼 같은 자질구질한 습성을 챙겨보지만 그 행간에 역시 보수의 그림자가 새겨져 있음을 부인하지 못한다. 재래의 풍속 습관과 전통을 중시하며 현상에 만족하고자 하는 원천은 현실을 수용하는 긍정적 자세에서 비롯되었다고 말해도 좋을 것이다.

V

김원배 시인의 시선집 『뒷짐』의 시의 숲을 뒤척인다고 하면서 극히 부분적인 길만을 살펴보았다.

살아있음의 간절한 보상심리를 앞세워 썼다고 여겨지는 「지름 6cm의 공을 친다」를 비롯해 관조의 눈으로 삶의 지혜를 찾는 낙관적 인생관 또는 자아성찰의 낭만주의를 표방한 「산은 거기 늘 푸르고」와 언어의 지배자처럼, 언어를 찾는 연인처럼, 언어의 달인처럼 시를 조형하는 시인의 역량을 유감없이 보여준 「내숭의 근처」, 그리고 썰렁과 고독속에 꽃핀 자화상으로서의 「뒷짐 1, 2, 3」을 대상시로 삼았다.

편편마다 전통적 서정과 낭만이 시심의 뿌리를 내리고 있으면서 이미지의 조화나 시어의 새로운 조합이 생기있고 신선

하게 드러난다. 젊음을 일깨우는 듯 정열의 불꽃도 활활 타오른다. 시인은 관조자로서의 인생과 긍정적 자세로서의 삶을 경영하며 현실수용의 자화상 확립에 최선의 정열을 불태우고 있다.

김원배 시인은 사실상 예순이 넘어 시단에 등단을 했고 일흔이 넘어 첫 시집을 냈으며 여든 넘어 시선집을 내놓은 것이다. 그렇다고 어디 인생의 황혼기 운운할 만큼 그런 표상을 앞세우지 않는다. 오히려 젊음아, 날 따르라… 외치듯 지금도 골프채를 휘두른다.

오래오래 건강 지키시며 값진 시 많이 빚어내시길 빈다.